SECRET

2 Avril 1918.

INSTRUCTION

SUR LE

CAMOUFLAGE

(Planches)

Cette instruction, préparée par la Section d'Étude de Camouflage, de la Direction des Inventions des Études et des Expériences techniques (Ministère de l'Armement et des Fabrications de guerre), a été soumise à l'examen de la Commission Centrale du Génie et du Général Commandant en Chef les Armées du Nord et du Nord-Est, et approuvée par le Ministre de la Guerre à la date du 2 avril 1918.

PARIS
IMPRIMERIE ADRIEN MARÉCHAL
158. Quai de Jemmapes. 158

1918

RENDU DES COULEURS EN PHOTOGRAPHIE

(EN POSITIF)

PAR LES PROCÉDÉS COURAMMENT EMPLOYÉS

Photo n° 1.

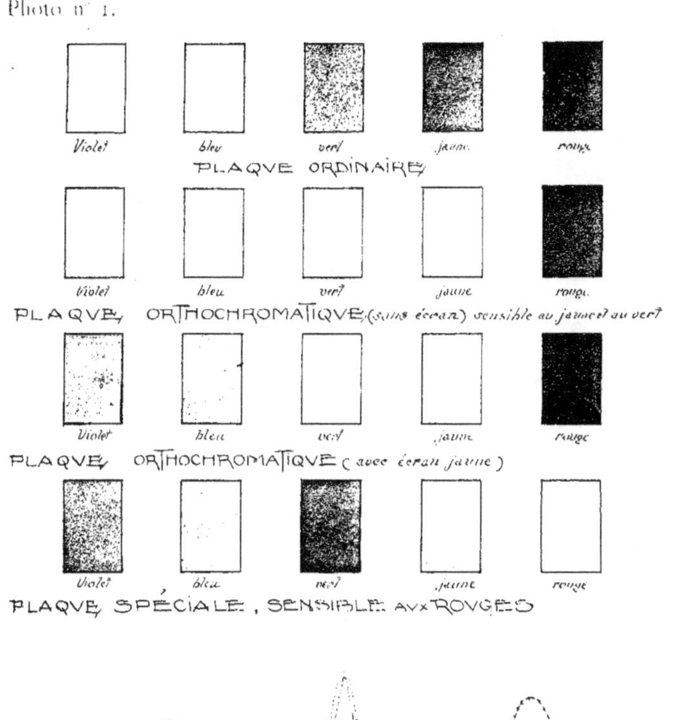

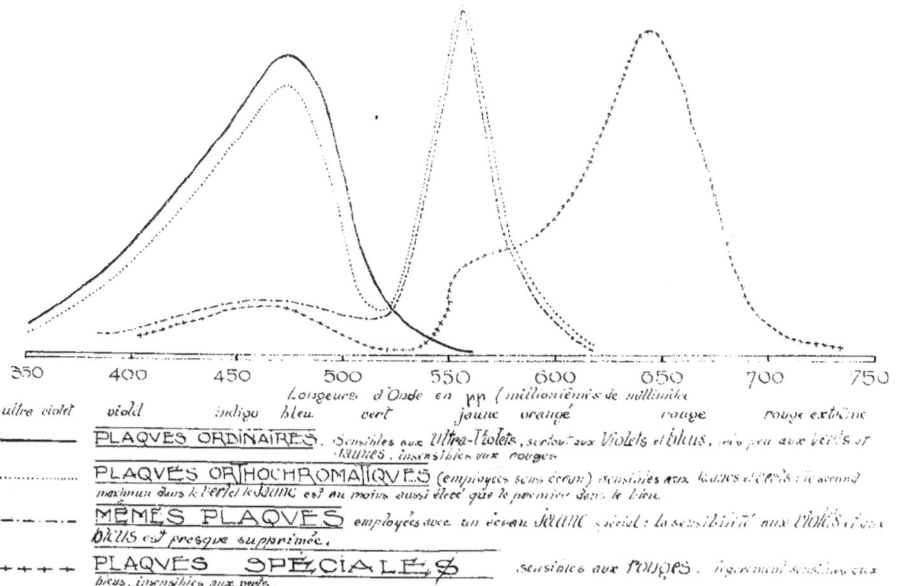

Voir page 13.

Photo n° 2.

Exemple d'une casemate C couverte par une toile goudronnée et bigarrée qui fait réflexion totale et apparaît d'une blancheur éclatante.

Voir page 12.

Photos n°° 3 et 4.

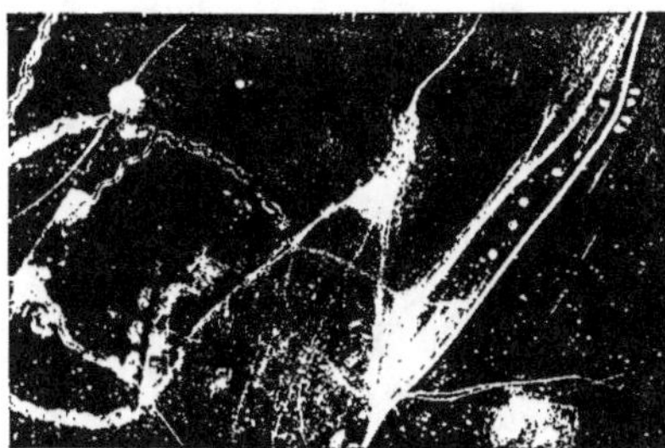 

Exemple d'un dépôt, camouflé après son établissement, donc sans plan préalable. Faute de camouflage préventif, l'effet obtenu est nul ou même négatif.

En D déblais transportés.

Voir page 15.

Photo n° 37.

Utilisation de ruines pour un observatoire bétonné.
Voir page 51.

Photo n° 40.

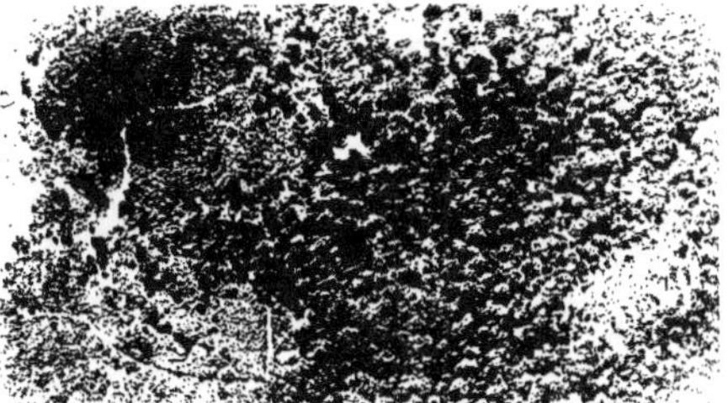

Emplacements de pièces de D. C. A.
Ils sont révélés par leur forme circulaire caracté-
ristique.		Voir page 50.

Photo n° 38.

Orifice d'une casemate de canon contre-avion. La forme irrégulière supprime l'aspect
circulaire caractéristique.		Voir page 50.

Photos n° 39.

CHOIX DE TERRAIN.	Deux emplacements de pièces contre-avion en bordure
d'un chemin creux.
	Les abris de cette batterie sont desservis par un boyau peu visible.
	Les déblais des fouilles ont été déposés dans le chemin creux et l'ont remblayé
sur longueur de 100 mètres.
		Voir page 50.

Photos n° 41 et 42.

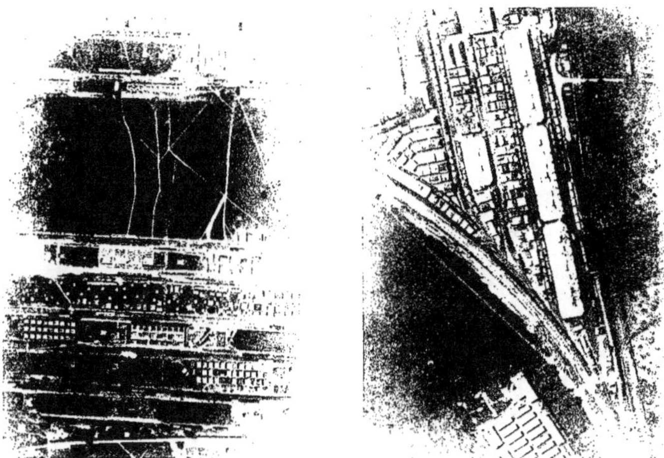

Dépôts importants dans lesquels des baraques camouflées sont aussi visibles que celles qui ne le sont pas. Voir page 53.

Photo n° 43.

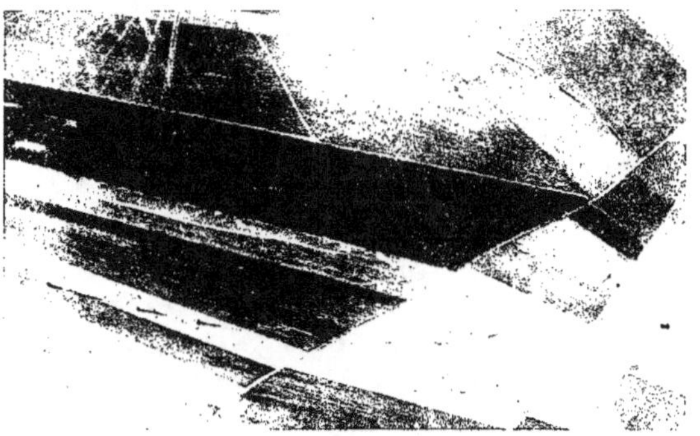

Utilisation d'un bois pour l'installation d'un camp. Voir page 53.

Photo n° 44.

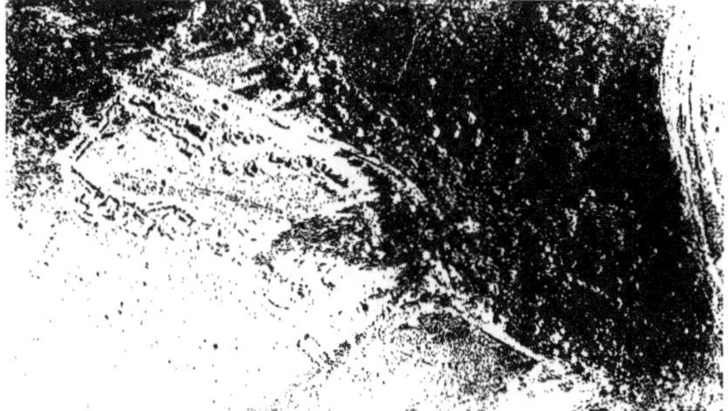

Installation malheureuse, à découvert et à côté d'un bois assez dense, de casemates et d'abris. Voir page 53.

Photo nᵒ 45.

Ponts camouflés par
des toiles,
dissimulant la circulation
aux
vues très obliques.

Voir page 54.

Photo nᵒ 46.

Photo nᵒ 47.

Camouflages de ponts.
Voir page 54.

Photo n° 48.

Voie étroite souterraine de A à B.

Voir page 54.

Photo n° 49.

Voie de 0ᵐ60 camouflée par
des branchages.

Voir page 54.

Photo n° 50

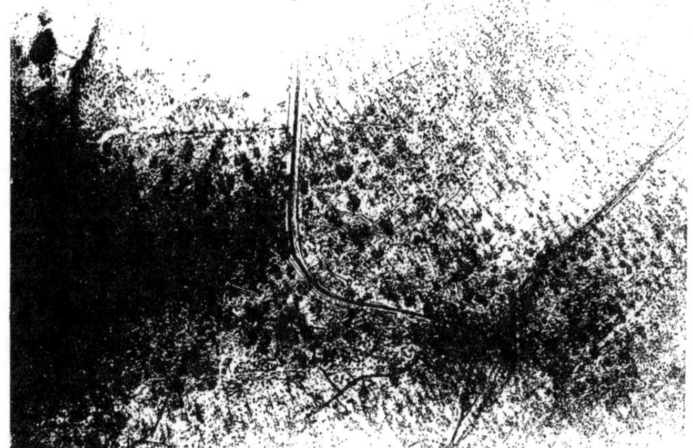

Voie de 0ᵐ60 camouflée.
La voie reste apparente.

Voir page 54.

Photo n° 51.

Avions non camouflés et avions camouflés.
Photo prise à l'altitude de 200 mètres.
Voir page 56.

Photo n° 52.

Avions non camouflés et avions camouflés.
Photo prise à l'altitude de 900 mètres.
Voir page 56.

Photo n° 53.

Hangars non camouflés.   Voir page 57

Photo n° 54.

Hangars camouflés.

Les zébrures constituent des arabesques qui décèlent le camouflage au lieu de constituer une dissimulation.

Voir page 57.

Photo n° 55.

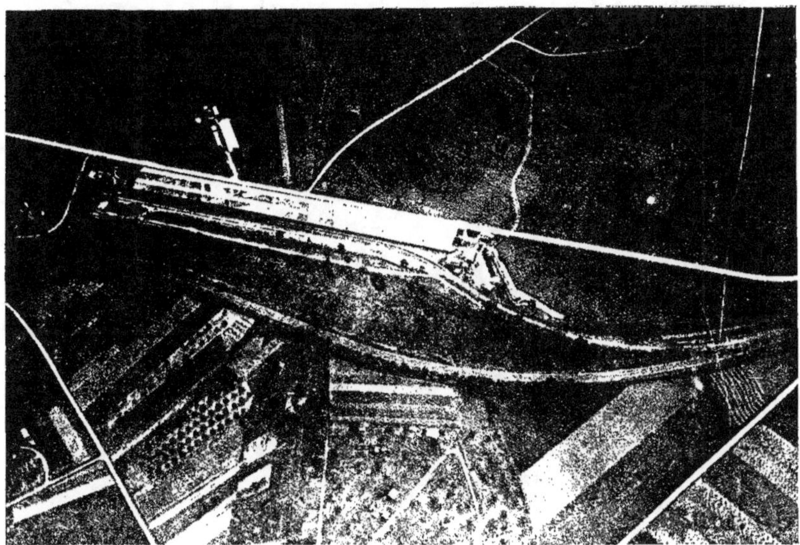

Hangar peint avec zébrures.
Celles-ci révèlent le travail de camouflage.
Voir page 57.

Photo n° 56.

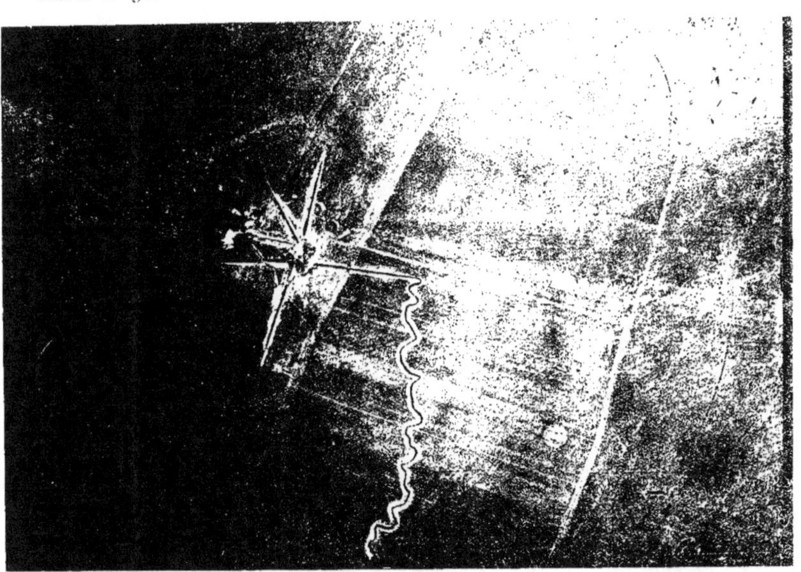

Poste optique.
Les saignées pratiquées pour le passage des rayons lumineux révèlent la direction des postes-recepteurs.
Voir page 55.

Photo n° 57.

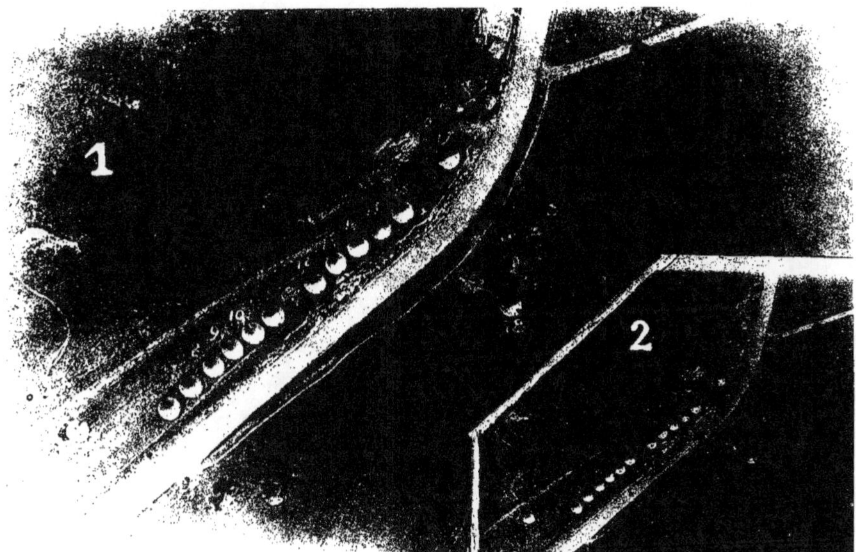

OBSERVATIONS

Les tentes camouflées 1, 2, 3, sont incontestablement moins visibles que les tentes blanches. Mais cela tient à leur tonalité générale plus foncée et non au « zébrage » qui ne modifie nullement leur forme. Celle-ci est toujours très nettement accusée par l'ombre, soit propre, soit portée.

Le reflet des toiles des colombiers n'est que très peu atténué par le raphia qui est trop transparent ; ce qui confirme ce qui a été dit au sujet de la manière de dissimuler des tôles ondulées avec des branches. **Voir p. 17.**

CONCLUSION : Inutilité absolue du bariolage avec des couleurs différentes pour la dissimulation de surfaces aussi petites que des tentes et inconvénient d'accoler des objets camouflés à côté d'autres similaires qui ne le sont pas. **Voir p. 16.**

Vue 1. Prise à 500 mètres d'altitude.
— 2.   1000
— 3.   1500   (cliché agrandi)
— 4.   —   2000

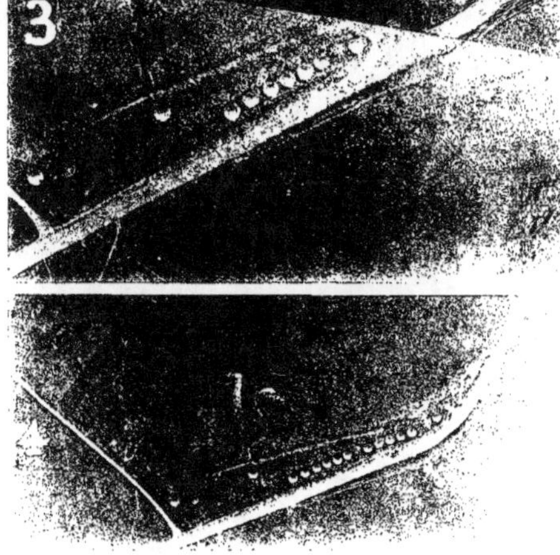

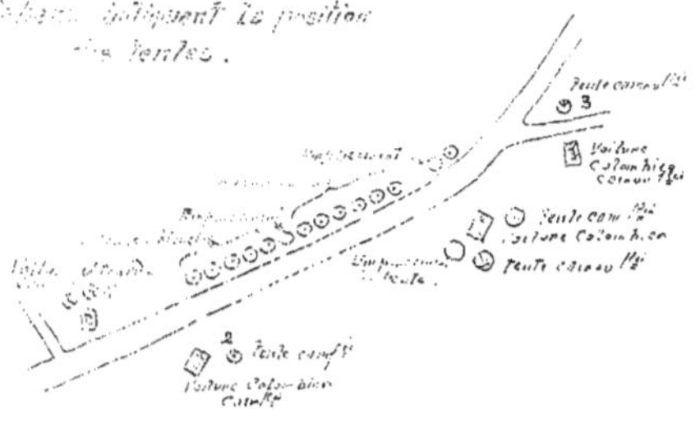

Tente Camouflée

Colombiers militaires.
Voir page 58

Photo n⁰ 58.

Camouflage de route, avec toiles en bordure.
Mauvaise utilisation de la toile.

Voir page 55.

Photo n° 59.

Camouflage de route, avec filets et branchages.
Bonne utilisation des moyens naturels.

Voir page 55.

Photo nº 60.

Camouflage de route, en panneaux de toile, séparés.
Mauvaise utilisation de la toile.

Voir page 55.

Photo nº 61.

Camouflage de route, en panneaux de branchages.
Bonne utilisation des moyens naturels.

Voir page 55.

Photo n° 62.

Camouflage de route en portiques de toile.
Mauvaise utilisation de la toile.
Voir page 55.

Photo n° 63.

Camouflage de route en portiques de branchages.
Bonne utilisation des moyens naturels
Voir page 55.

Photo n° 64.

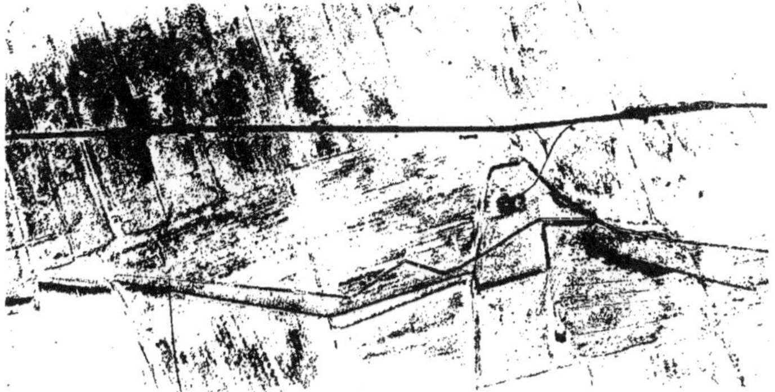

Route camouflée avec écrans le long des haies

Photo n° 65.

Route camouflée avec portiques

Voir page 55

Photo n° 66.

En B existe une batterie. La route est camouflée par écrans aux vues très obliques

Voir page 55

Exemples de routes camouflées avec écrans

Photo n° 67.

Camouflage avec zébrures. (Train blindé.)
Inutilité des zébrures et surtout du sertissage.
Voir page 59.

Photo n° 68.

Camouflage avec zébrures (Train blindé).
Même observation que ci-dessus.
Voir page 59.

Camouflage avec zébrures (camion).
Inutilité de celles-ci et surtout du sertissage des taches. Une peinture couleur terre d'ombre eût suffi.
Voir page 59.

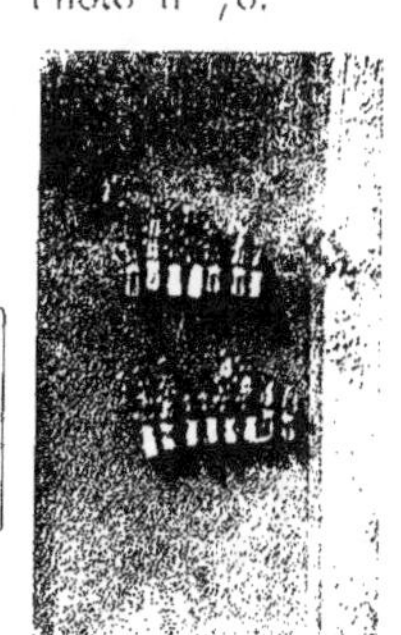

LIGNE SUPÉRIEURE

LIGNE INFÉRIEURE

Visibilités des voitures, des équipages militaires, bâchées et non bâchées et de couleurs différentes.
Les bâches bleues apparaissent nettement blanches et par suite du phénomène d'irradiation, les bords des voitures non bâchées prennent une importance exagérée par rapport au fond sombre.

(Le croquis ci-dessus indique la nature des voitures et leur disposition sur le terrain.)

Voir page 59.

Photo n° 71.

Vue prise à 50 m. par brume.

Photo n° 72.

Vue prise à 500 m. par brume, avec téléobjectif.

Photo n° 73.

Vue prise à 1500 m. par brume.

Comparaison de la visibilité à diverses distances, d'un fourgon non camouflé et d'un fourgon camouflé.

Voir page 59.

Photo n° 74.

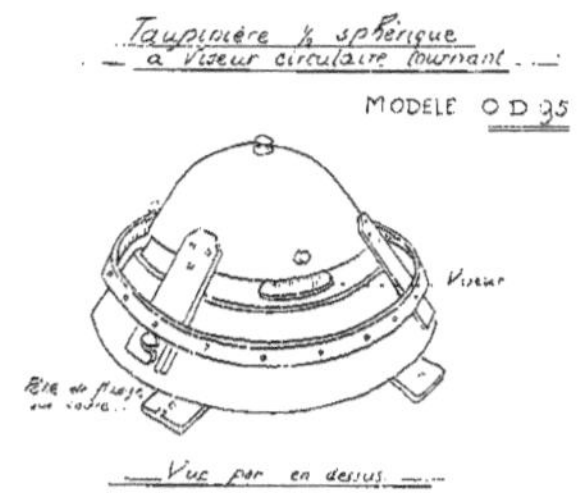

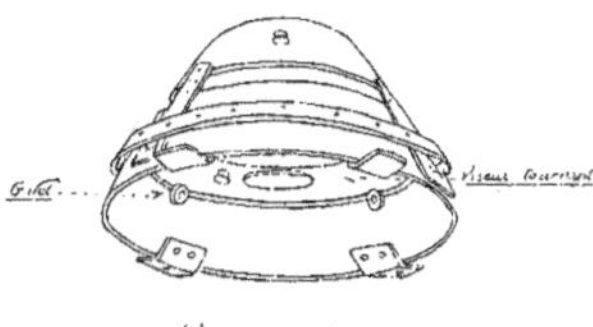

Taupinière demi-sphérique.
Voir page 63.

Photo n° 75.

Taupinière mise en place.
Voir page 63.

Photo n° 76.

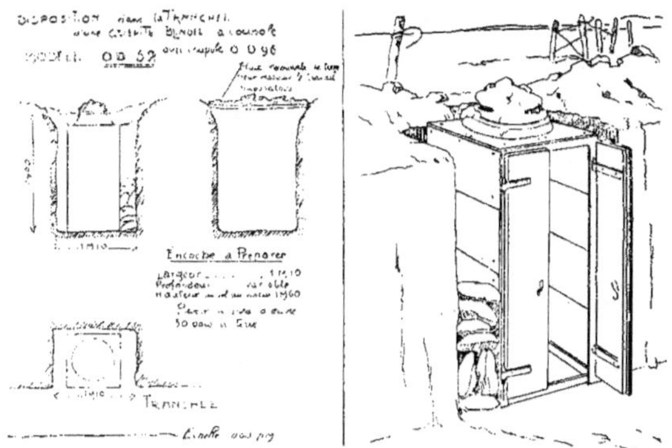

Taupinière-coupole avec support en bois, modèle O D 95.

Voir page 63.

Photo n° 77.

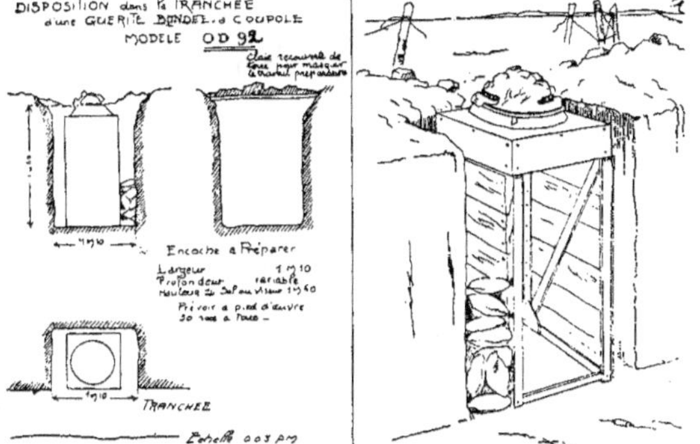

Taupinière-coupole, avec support blindé, modèle O D 92.

Voir page 64.

Photo n° 78.

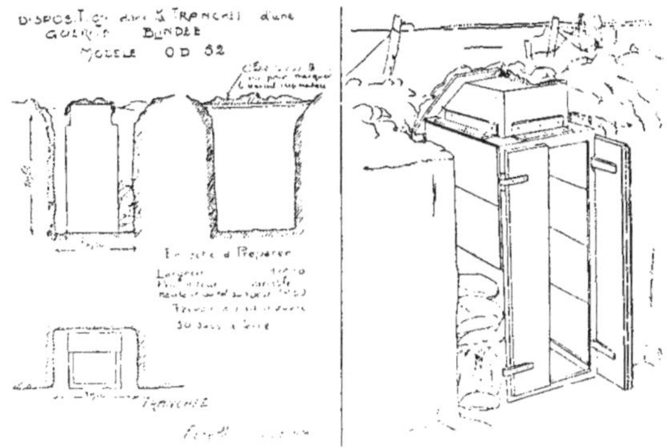

Guérite prismatique (support blindé, capot rectangulaire),
modèle O D 52.

Voir page 64.

Photo n° 79.

Même guérite en place.

Voir page 64.

Photo nº 80.

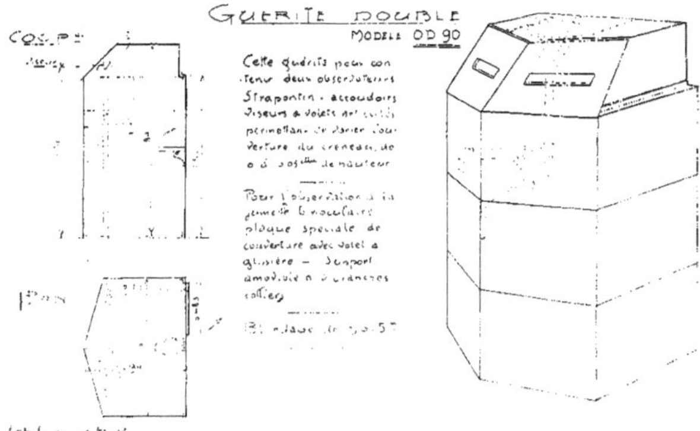

Guérite double blindée, modèle O D 90.

Voir page 64.

Photo nº 81.

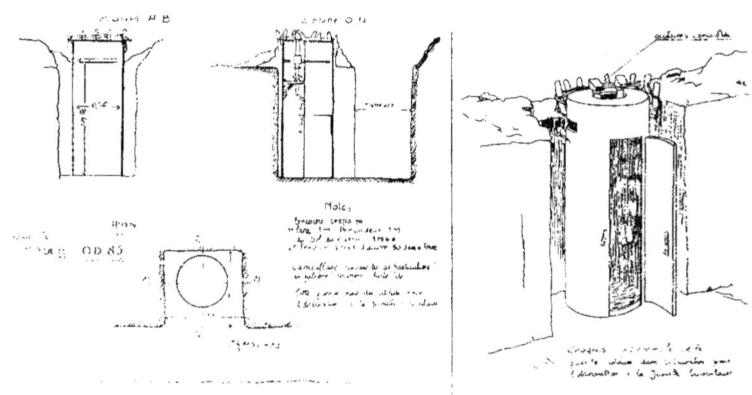

Guérite cylindrique blindée, modèle O D 85.

Voir page 64.

Photo n° 82.

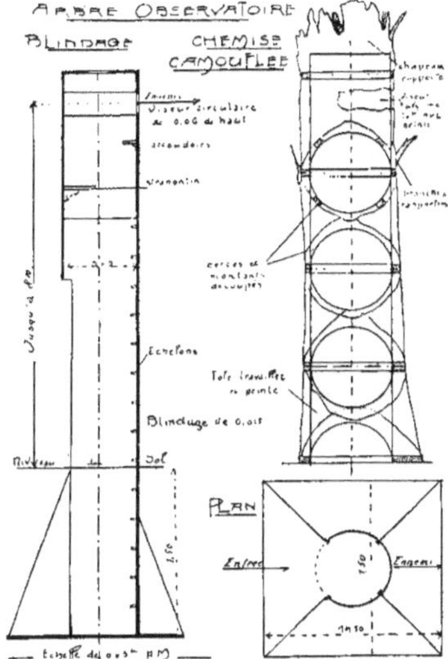

Arbre-observatoire blindé.

Voir page 64.

Photo n° 83.

Le même, en place.

Voir page 64.

Photo nº 84.

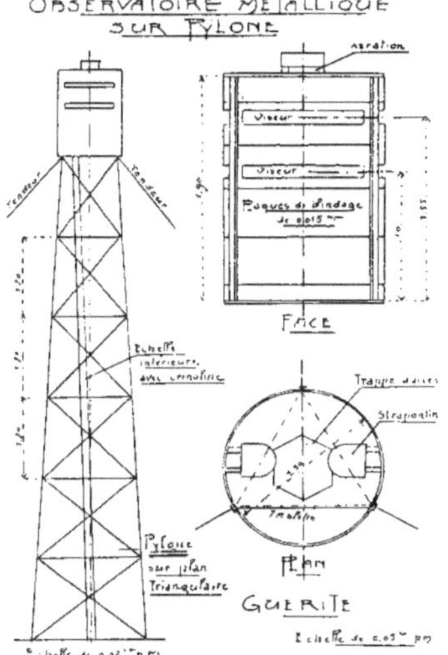

Pylône-observatoire
métallique.

Photo nº 85.

Le même, en place.
Voir page 65.

Photo nᵒ 86.

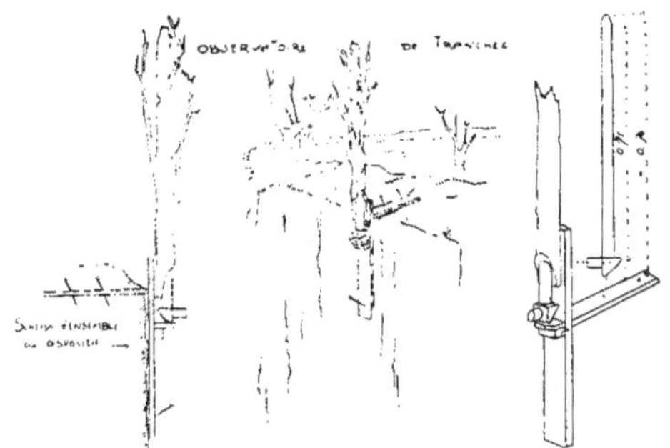

Poste d'observation périscopique.

Voir page 67.

Photo nᵒ 87.

Arbre-périscope.

Voir page 67.

Arbre-périscope.

Voir page 67.

Photo n° 89.

Arbre-périscope.
Voir page 67.

Photo n° 92

Pylône Bottin.
Voir page 66.

Photo n° 93.

Pylône Bottin.
Voir page 66.

Photo n° 94.

Photo n° 95.

Pylône Bottin.

Voir page 66.

www.ingramcontent.com/pod-product-compliance
Lightning Source LLC
LaVergne TN
LVHW021820170726
843503LV00007B/3283